AF259923

NOTICES
SUR L'INDE.

NOTICES

SUR L'INDE;

PAR M. FR. DE M.-S.

A PARIS,

DE L'IMPRIMERIE DE CRAPELET,

RUE DE VAUGIRARD, N° 9.

1837.

UNE

EXCURSION A GOA.

(Extrait de la *Revue de Paris*, du 2 octobre 1836).

Dans le mois de novembre 1835, je me trouvais à la côte Malabare : j'avais le dessein de me rendre à Bombay, et me sentant peu de goût pour les traversées de mer, qui, outre l'incertitude attachée souvent à leur durée, ont encore l'inconvénient de ne permettre d'apercevoir les côtes qu'à l'aide d'un télescope, j'avais préféré la voie de terre. Un des points curieux de ces contrées, que les bruits répandus à cette époque dans le sud de l'Inde entouraient d'un intérêt plus vif encore, c'était Goa. J'en avais entendu parler quelquefois pendant mon séjour à Pondichéry : les droits de don Pèdre et de don Miguel étaient venus, disait-on, y chercher un dernier champ de bataille. On y faisait manœuvrer sur la carte des armées au petit pied ; on leur donnait même encore les costumes de ces premiers conquérans des mers, dont la race abâtardie se retrouve presque partout sous le nom de *Topas,* et la galanterie portugaise y rappelait, disait-on aussi, les beaux jours de la cour brillante de Goa, cette perle de l'Inde.

1

Je remontai la côte Malabare, et, en me rappro-
chant de plus en plus de ce petit royaume, je fus
étonné de l'absence absolue de toutes nouvelles posi-
tives. D'après l'opinion générale, toutes relations
avaient depuis long-temps cessé avec la côte et les
pays anglais environnans; chacun répétait des bruits
de pillages, de massacres et de proscriptions : le voyageur devait éviter de passer dans des lieux où il ne
pouvait réclamer aucune assistance d'autorités non-
constituées, et variant selon les hasards journaliers
des guerres civiles qui s'étaient, pour ainsi dire, accli-
matées dans ces contrées. Après avoir vainement pris
langue à Tellichery, à Cannanore, je m'étais fait donner une lettre de recommandation pour un personnage
qualifié d'ancien (*late*) secrétaire du gouvernement,
et j'en étais à redouter presque les effets de ce genre
d'introduction, qui pouvait me jeter dans les embarras
des suspects, tant là roue de la politique tourne vite
dans ce pays !

Ayant fait une dernière halte de quelques heures à
Mangalore, où j'avais été reçu avec la plus cordiale
et en même temps la plus haute hospitalité par les
autorités anglaises, j'avais enfin, aidé des conseils de
mes nobles hôtes, arrêté mon plan de campagne. —
Le collecteur, M. Cotton, voulut bien faire partir
devant moi un de ses pions chargé de m'annoncer au
gouvernement problématique de Goa, quel qu'il fût,
et de demander l'autorisation de traverser le territoire
portugais, insistant pour que je ne fusse inquiété par

aucune mesure vexatoire de police locale. Ce qui devait naturellement m'imposer plus de réserve et de circonspection, c'était la crainte que mes lettres ne fussent ouvertes. Porteur de plusieurs dépêches pour mon gouvernement, et honoré de lettres de recommandation pour les autorités anglaises des villes que je devais encore traverser avant d'arriver à Bombay, je ne pouvais consentir à soumettre mes papiers à aucun contrôle.

Sedashagur était le point extrême de la frontière. Je m'y rendis, et là, sans attendre les réponses peut-être indécises d'autorités en conflit, je louai une barque indienne, ce qui me laissait la faculté de me diriger vers l'endroit de la côte qui me conviendrait le mieux. Un trajet de mer d'une soixantaine de milles m'amena, au bout de vingt heures, à l'entrée de la rivière de Goa.

La perspective admirable qui s'ouvrit alors devant moi me fit éprouver une émotion que je ne connaissais pas encore. J'ai parcouru environ douze cents milles du territoire indien; j'ai rencontré assez souvent des sites délicieux, surtout sur cette côte Malabare; mais ici il y avait, dans le tableau qui se déroulait presque magiquement sous mes yeux, quelque chose de tout-à-fait à part, et je demeurai étonné de la sublime étrangeté de la scène. Sur les hauteurs qui dominent de chaque côté la rivière, dans les îles, des forts, des couvens, toute l'architecture portugaise du XVIe siècle; ces murs larges et élevés qui ont eu leurs

jours de puissance et de fière et inquiète domination,
témoins muets aujourd'hui d'une décadence rapide,
semblaient cependant encore, sous un soleil brûlant,
étendre avec orgueil de grandes ombres dorées sur un
sol indien, foulé jadis avec tant d'éclat par la première
onq uête européenne apparue en Asie.

Après une halte de quelques momens à la hauteur
du fort d'Aguada, les inspecteurs me permirent de
continuer ma route ; et mon *pattemar* (barque du
pays), avec ses deux voiles enflées, passa sous les
forts placés à distance sur la rive droite, comme devant les édifices et les couvens situés sur la rive gauche. Je mouillai le soir près du quai, et mes craintes,
déjà bien affaiblies par les distractions du paysage,
s'évanouirent complétement. Peu d'instants après avoir
fait prévenir de mon arrivée, je reçus à mon bord un
aide-de-camp du gouvernement, et, pour toute espèce
d'enquête, une invitation à un bal brillant que l'on donnait le soir même en l'honneur du passage de l'évêque
de Calcutta. Je trouvai à Goa des gens bons, servia-
bles, et empressés d'accueillir un étranger avec toute
sorte d'égards. Je fis mes visites aux autorités ; elles
n'étaient alors que provisoires ; et au lieu de ces massacres, de ces querelles sanglantes dont on m'avait tant
parlé, j'appris que la petite révolution portugo-in-
dienne s'était opérée presqu'à l'amiable.

Don Pèdre, voulant renverser l'ancien état d'echo-
ses établi dans cette partie éloignée de ses royaumes,
avait, à l'époque de la restauration de sa puissance à

Lisbonne, supprimé la vice-royauté de Goa. Quelques
députés de la colonie s'étaient rendus vers ce temps
en Portugal. — L'un d'eux, médecin obscur et Indien
du plus beau noir, eut le bonheur de plaire à l'empereur, qui lui dit : « Retourne chez toi, tu seras préfet ;
et pour diviser les pouvoirs, pour remplacer cette
vice-royauté que je supprime, tu agiras comme gouverneur civil, et je t'adjoins un gouverneur militaire : travaillez de concert au bonheur de mes sujets. »
Le nouvel ordre de choses débarqua à la côte Malabare, en février 1834. Les Européens de naissance
ou d'origine furent vivement émus de cette suprématie
accordée pour la première fois au sang noir sur l'aris-
tocratie blanche. Cependant il faut dire que, comme
les Indiens furent jadis forcés dans cette colonie d'em-
brasser le christianisme, et de se mêler avec la population conquérante, les influences de caste et les préjugés de naissance n'ont pas là la même valeur que
dans toutes les autres parties de la vaste presqu'île.
Le préfet ne sut ni comprendre sa position, ni justi-
fier son élévation par des mesures sages et utiles au
pays. — Des révoltes se déclarèrent dans la province
fertile de Bardes, à l'extrémité nord de ses états ; une
sédition militaire assez grave eut lieu à Tiracole à
l'occasion de la paie, et une soixantaine de morts restèrent sur la place. Alors l'émotion se propagea dans
les sept provinces de la colonie : de là, quelques as-
sassinats, quelques proscriptions. Goa mit sur pied sa
force armée, montant à cinq ou six mille hommes.

L'ordre finit par se rétablir, une transaction eut lieu, mais à la condition expresse que le nouveau préfet irait s'embarquer au bas de la rivière, et quitterait des lieux où sa royauté à courte échéance avait enflammé toutes les passions. Depuis cette époque, il est réfugié à Daman ; méditant parfois, dit-on, de reconquérir, avec une flotte digne du temps des Albuquerques, son pouvoir légitime, et de donner à la presqu'île le merveilleux spectacle d'une restauration noire. Quant aux autorités provisoires, étonnées elles-mêmes de leur grand coup d'état, elles en ont référé à la reine dona Maria. En attendant sa réponse, un gouvernement nul et sans force, où l'administration militaire, civile et judiciaire repose en des mains indépendantes les unes des autres et sans responsabilité, suffit néanmoins pour maintenir dans une inaction inoffensive qui ressemble à l'ordre, les trois cent cinquante mille sujets environ de ces *estados portuguezes*.

Pangim, le siége actuel du gouvernement, ville nommée à tort le *nouveau Goa* par quelques étrangers, n'offre aucun édifice remarquable. Cependant ses quais sont beaux, ses places grandes : l'ensemble en plaît ; le boulevart derrière la ville, adossé à la montagne, l'esplanade, sont de charmantes promenades d'où l'on découvre la pointe de l'île, les forts à l'entrée de la rivière et les vaisseaux en pleine mer, qui passent en dédaignant l'ancienne reine de ces parages pour remonter maintenant la côte jusqu'à Bombay.

Le vieux et véritable Goa, situé à cinq ou six milles sur la rivière au-dessus de Pangim, n'est plus qu'un désert. Ses eaux, n'étant plus contenues par la main des hommes, ont envahi une grande partie des territoires environnans; toutes les îles, entre lesquelles elles circulaient autrefois claires et courantes, ne reçoivent plus de culture, et sont devenues des marais dont les miasmes fiévreux répandent la mortalité. Cette influence meurtrière, qui a chassé les habitans de Goa, s'étend déjà à Pangim où les pauvres populations, fuyant devant l'invasion marécageuse au lieu de la combattre, et descendant de la rivière vers la mer, étaient venues chercher un climat moins malsain et un sol moins homicide.

Au commencement du XVIIe siècle, d'après les registres des diverses paroisses, Goa pouvait renfermer cent cinquante mille communians auxquels il faudrait ajouter en étrangers, banians (marchands du pays) et autres Hindous, cinquante mille personnes au moins; ce qui ferait approximativement une population de deux cent mille âmes, sans comprendre les faubourgs, alors fort considérables et très peuplés. Et maintenant l'île tout entière, appelée Tissuarie, ne renferme pas quatorze mille habitans. Son port, qui recevait les flottes du Portugal aux nombreux vaisseaux, et qui vit réunie sous le pavillon de Lisbonne l'escadre d'un des rajahs puissans de la côte, le rajah d'Honawr, est abandonné.

Toute l'agriculture se réduit à la culture du riz,

mais en quantité tout au plus suffisante pour nourrir
une population décimée. Le cocotier abonde et il est
très beau dans le pays; il forme l'*article* principal
d'exportation, effectuée au moyen de pattemars qui
font le cabotage et vont à Bombay. La colonie fait
encore un peu de sel, produit quelques fruits excel-
lens, tels que mangues, bananes, pamplemousses.

On y fait aussi, comme dans toute l'Inde, du toddy,
espèce de boisson fermentée, provenant du palmier.

Le mouton n'y est pas délicat, mais la volaille y
est fort commune et presque pour rien ; le bœuf est
rare, et il est difficile de s'en procurer, parce que ce
n'est pas une nourriture en usage.

Le principal impôt est celui du tabac, dont on fait
une grande consommation.

Du reste, point de commerce, point de fortunes
considérables; les familles réputées aisées peuvent avoir
de cinq à six cents roupies de revenu (la roupie vaut
un peu moins de 5o sous.) Dans les classes pauvres,
une, deux, au plus trois roupies par mois sont le sa-
laire des ouvriers et des serviteurs. Aussi beaucoup de
gens de la colonie vont-ils chercher fortune ailleurs;
ils émigrent ordinairement à Bombay et trouvent à
se placer comme tailleurs, cuisiniers, teneurs de ta-
vernes.

Pendant ma résidence de quelques jours à Pangim,
j'avais loué une maison tout entière qui ne me coû-
tait de loyer qu'une roupie par jour. La volaille me
revenait à trois tangs (douze sous); la douzaine d'œufs

à deux sous ; le riz, mesure suffisante pour plusieurs repas, huit sous; le pain quatre sous, le beurre au même prix; le bois de cuisine deux sous, le lait idem; l'huile de coco seize sous; tout cela pour la fourniture de plusieurs jours; et encore ces prix, laissés à la discrétion d'un daubachi (mon interprète et serviteur indien), étaient-ils nécessairement fort *exagérés*.

Lorsqu'on fait une visite au vieux Goa, on est obligé de chercher ses anciens monumens au milieu de ruines recouvertes de ronces et parmi des massifs de cocotiers, énergiques enfans de la nature, qui leur disputent ce terrain usurpé par l'homme. On débarque sur le quai, dit du Vice-Roi; une esplanade, plantée d'arbres assez beaux, existe encore. Près de là, sur la droite, se trouve l'arsenal, où quelques tristes débris de barques indiennes sont les seuls souvenirs de nos premiers navigateurs. Plus de port! plus l'ombre d'un navire! le temps a tout détruit et la nature a confirmé cet arrêt de mort. La rivière, répandue en de vastes marais, refuse, dans sa honte, le passage aux vaisseaux qui ne peuvent naviguer sur ses ondes flétries. Si, à de longs intervalles, un petit bâtiment de guerre veut forcer la passe et remonter seulement jusqu'à Pangim, il est forcé de désarmer à l'embouchure et de déposer son artillerie au fort d'Aguada, près de la mer.

Des monceaux de décombres, quelques blocs d'une grosse pierre de taille jaunie au soleil, une porte d'entrée, arrondie en voûte, et sous laquelle on aperçoit, en passant, une statue assez informe de Gama, voilà tout ce qui rappelle maintenant, sur les ruines de tant de palais, la gloire et la splendeur des premiers vice-rois. L'intrépide Albuquerque, deux fois conqué-rant de Goa, et, qui, en jetant les fondemens de cette belle colonie, trouvait encore le temps de prendre possession de Malacca au nom du Portugal, ou d'aller explorer le détroit d'Ormutz, revint finir sa vie dans la disgrâce, ici même où il s'était illustré; noble vic-time des caprices et de l'envie d'une cour lointaine. Ici, encore, vécurent et le célèbre Vasco de Gama et son illustre fils Étienne, héros de cette aventureuse expédition dans la mer Rouge et de ce pélerinage au mont Sinaï, à la châsse de sainte Catherine, la pa-tronne de Goa. Que de hautes et hardies pensées conçues et exécutées dans ces lieux où régnent au-jourd'hui deux taciturnes souveraines, la solitude et la mort !

Plus loin, ce sont les ruines du sénat, de l'hôpital, du palais de l'archevêché, réunies autour d'une assez belle place : un des côtés en est surtout remarquable; les fondations bouleversées et les fentes profondes qui les sillonnent, indiquent quelque événement ex-traordinaire, quelque secousse violente ; on dirait qu'un tremblement de terre a passé par là. C'est qu'il faut venir jusqu'en ces pays lointains saisir les der-nières traces de l'inquisition. Ce fut en 1812, à l'instigation du cabinet de Londres, et à l'époque où les Anglais avaient établi garnison dans les états de

Goa, que la cour de Rio-Janeiro permit la suppression du sombre tribunal. Ce bâtiment, malgré sa pesante masse, fut en un instant détruit : on avait jeté ces blocs de granit sur la pensée humaine ; en se redressant elle les renversa. Des serpens et d'autres reptiles se disputent seuls aujourd'hui l'intérieur de ces hideux souterrains.

Les nombreux couvens qui furent élevés dans la cité sont encore debout dans leur magnificence. C'est Saint-Gaétan, de l'ordre des Théatins qui vinrent d'Italie au xviie siècle, et qui ont imité dans leur église la coupole de Saint-Pierre au Vatican ; c'est le couvent des Franciscains qui entretenaient des relations religieuses et scientifiques avec Daman, Diu et Macao, Bon-Jésus, où est la châsse de saint François-Xavier, le fondateur de l'ordre des Jésuites dans l'Inde, en l'an 1543. Il avait accompagné le gouverneur-général Martin de Souza à Goa, avait fait des voyages aux Moluques, et après être venu assister dans ses derniers momens le respectable vice-roi Jean de Castro, était retourné finir lui-même sa vie et sa mission dans l'île de Sancie, près de Canton. Son corps, ramené d'abord à Malacca, fut transporté à Goa et confié aux Jésuites qui le déposèrent dans la belle châsse que l'on voit encore ; elle est placée dans une chapelle sur un monument en marbre noir d'Italie. Les bas-reliefs sont très bien exécutés et représentent les actions principales du saint ; sa statue existe aussi, elle est en argent massif. — Enfin, parmi ces innom-

brables couvens qui rivalisent de grandeur et de har-
diesse d'architecture, domine, sur la montagne du
Rosaire, l'immense collége des Augustins. Peu de
villes en Europe peuvent s'enorgueillir d'un édifice
aussi remarquable; les cloîtres, les longues et larges
galeries, les cours intérieures et l'église ornée de onze
autels, sont d'un grandiose admirable. Nulle part ailleurs, on ne rencontrerait rien de comparable aux
traces du culte extérieur rendu autrefois ici à cette
religion chrétienne qui, imposée par de fiers conquérans à des populations vaincues, sentait le besoin de
s'entourer de tout ce qui pouvait agir sur l'imagination, et de frapper des esprits orientaux par la
pompe de ses cérémonies et la magnificence de ses
basiliques.

Ainsi donc, parmi tant de grandeurs passagères,
au milieu de ces décombres que le pied heurte à
chaque pas, de ces restes du pavé des rues, de ces
bois de cocotiers qui ont remplacé les massifs des
maisons, et dans cette enceinte d'une ville silencieuse
et abandonnée depuis long-temps, s'élèvent seules
encore, comme des oasis, les vivantes traditions de
l'omnipotence de la religion chrétienne au moyen-âge.
Elles se maintenaient jusqu'à présent dans ce désert
triste et morne par les soins des derniers habitans, à
la robe noire ou blanche, dignes gardiens des ruines
de ces grandeurs humaines dont ils prêchent le néant.
Mais, lors de mon passage, depuis huit mois, un
ordre cruel, inspiré à Lisbonne par le zèle peu rai-

sonné de l'esprit démocratique (car la philosophie a
aussi son fanatisme), un ordre transmis au gouvernement de Goa a fait expulser de chaque couvent une
cinquantaine de malheureux qui s'y recrutaient encore et empêchaient les murs de tomber. Aujourd'hui
moines et religieuses, presque tous Indiens, sont allés
de nouveau se confondre avec leur race pauvre, misérable et fainéante. — Dans un petit nombre d'années,
lorsque ces vastes bâtimens, dévorés déjà, et avec
une effroyable rapidité, par le salpêtre, n'étant plus
entretenus par la main de l'homme qui luttait constamment contre l'action corrosive des élémens, se seront
écroulés, de Goa il ne restera plus que le souvenir, et
ces lieux sur lesquels s'acharne le génie de la destruction, exhalant, au milieu de ronces et de broussailles
épaisses, des miasmes homicides, ne seront plus con-
nus que par le soin de l'Indien à les éviter.

LE MYSORE.

(Extrait de la *Revue des Deux Mondes*, du 15 janvier 1837).

Ce fut pendant l'automne de l'année 1835 que je me mis en route pour traverser le royaume de Mysore dans toute sa largeur, de l'est à l'ouest. Dix-huit jours de marche me suffirent pour passer de la côte de Coromandel à celle de Malabar, non sans avoir fait quelques haltes dans les principales villes que je désirais connaître.

Dans ces contrées, où l'on ne trouve que de loin en loin des abris pour le voyageur et où l'on manque de toute espèce de ressources, le comfort du voyage consiste à se munir de tentes qui vous suivent partout, et à se faire accompagner de sept à huit chars au moins, attelés de bœufs et portant les bagages, batterie de cuisine, vaisselle, argenterie, caisses de vin et de bière, lits de camp, tables, chaises, etc., etc. Enfin, pour ne rien oublier des agrémens de la route, on monte alternativement plusieurs chevaux de selle arabes, avec lesquels on ne peut faire que dix milles par jour environ, afin de ne point les fatiguer et de donner le temps d'arriver au reste du convoi. C'est de cette façon que voyagent les Anglais dans l'intérieur de l'Inde, et je ne parle ici que des moins riches, de ceux auxquels leur position ne permet pas de grandes dépenses, tels que de jeunes lieutenans ou des capitaines de la Compagnie; bons et aimables compagnons, vivant aussi bien en voyage que dans leurs cantonnemens, et enchantés de toute rencontre qui leur fournit l'occasion de faire apprécier leur science de la bonne chère. Avez-vous affaire à un demi-personnage, c'est une armée tout entière qui se presse à sa suite : l'éléphant lui-même, comme bête de somme, et le chameau, en font quelquefois partie. Si votre équipage est plus modeste que celui de votre compagnon de route, vous ferez bien de ne point vous reposer à la même halte. Le bruit et le mouvement qui se font autour de lui ne vous laissent aucun espoir de rien obtenir des gens du pays : les chétives ressources de l'endroit sont toutes à sa disposition. Je me souviens de certain potentat, un colonel, je crois, que j'eus le malheur de rencontrer établi avant moi dans un *bungalow*. Il y était si formidablement campé, que tout partage de gîte me fut refusé, et je fus obligé de me loger à la belle étoile pendant tout le temps de mon séjour à Sattarah; c'est l'ancienne capitale des Mahrattes, et je ne voulais pas passer outre sans la visiter. Il est encore une autre manière de voyager dans l'Inde; et, quand on ne tient pas à explorer le pays, on l'adopte généralement comme beaucoup plus expéditive. L'on prévient, plusieurs jours à l'avance, la direction des postes de l'instant précis de son départ, et par les soins du *kotall* (chef des porteurs) l'on trouve dans chaque station principale les moyens de poursuivre sa route sans retard. Mais outre que cette voie est très coûteuse, il n'est permis de s'arrêter dans aucun endroit.

Ni l'un ni l'autre de ces modes de voyager ne me convenait. Je voulais marcher plus vite que les uns, moins rapidement que les autres, et conserver la faculté de tout voir. Un modeste palanquin, quelques coffres légers, façonnés exprès pour être portés devant moi, selon l'usage du pays, formèrent mon bagage. C'est ainsi que, réduit au strict nécessaire, et escorté de vingt-cinq hommes employés journellement à mon service, j'ai parcouru une grande partie du sud de l'Inde. Il faut, pour triompher en voyage de la paresse naturelle de ces Indiens, plus d'énergie encore que pour surmonter les difficultés innombrables de la route; les brûlantes ardeurs du soleil pendant le jour, les suites de la fraîcheur des nuits dont il est souvent impossible de se garantir, les redoutables fièvres qui ont envahi de nombreuses localités, et dont l'atteinte devient si promptement mortelle; toutes ces entraves du voyage disparaissent devant la lutte incessante qu'il faut soutenir contre l'apathie indienne. Je suis même convaincu que cette apathie, si conforme au caractère des indigènes, devient chez eux un calcul à l'égard des Européens. C'est leur vengeance, et elle est merveilleusement servie par l'esprit rusé, fin, délié, fécond en expédiens, de ces peuples. Chaque

2

jour ce sont de nouveaux subterfuges qu'on vous prépare. Que de fois j'ai surpris mes indisciplinés *hamall*
méditant entre eux un moyen d'arrêter ma marche!
Je les voyais ensuite venir à moi et m'annoncer, avec
toute l'apparence de la bonne foi, l'impossibilité où ils
se trouvaient d'aller en avant. C'était à qui donnerait les meilleures raisons; et je me plais à leur rendre justice, elles étaient toujours ingénieuses et prouvaient une grande imagination. Ils employaient tous
les tons pour me convaincre, depuis celui de la flatterie et de la plus basse soumission jusqu'à l'insolence
la plus assourdissante : ils se donnaient peu à peu du
courage, la chose qui leur manque le plus, en gesticulant et en parlant tous ensemble autour de moi.
Lorsqu'ils sont réunis et en pleine révolte, il ne vous
reste d'autre parti à prendre que d'appuyer vos remontrances de quelques corrections sévères, distribuées, avec toute la dignité et la noblesse du commandement, sur la joue des plus récalcitrans, et
surtout du chef, car il en est toujours un qui répond
pour les autres et est chargé de maintenir l'ordre
parmi la bande. Il ne faut pas croire cependant que
les maltraiter soit un moyen de les conduire, ce serait
le pire de tous : ils ne tarderaient pas à déserter. Vous
vous trouveriez alors abandonné, peut-être au milieu
des bois, loin de toute habitation, sans secours ni
espoir de vous tirer d'embarras.

C'est l'influence de votre force morale qui doit les
subjuguer; et à l'exception de quelques démonstra-

tions assez légères dont je viens de parler, c'est à elle seule qu'il faut avoir recours pour les maintenir dans l'obéissance. Ces punitions qui, chez nous, impriment la honte la plus indélébile, sont pour eux presque une faveur de la part du maître. Je me souviens d'une anecdote qui le prouverait au besoin. Un Indien avait manqué à un général près duquel il servait en qualité de valet de chambre; il fut sévèrement réprimandé par un des officiers du général, et reçut quelques soufflets. Il n'exprima qu'un seul regret, c'était que son maître n'eût pas pris la peine de les lui appliquer lui-même! Ce n'est donc qu'en tenant compte de mœurs aussi différentes des nôtres, et en évitant envers ces peuples timides une brutalité inutile, sans manquer toutefois d'une constante énergie, qu'on parvient à se faire obéir et servir à peu près comme on le désire.

Au nombre des contrariétés les plus vives qui vous attendent pendant votre voyage, il faut placer ces terribles pluies de l'Inde auxquelles vous ne pouvez guère espérer d'échapper; elles vous surprennent à l'improviste, loin de tout abri; et pendant des heures entières vous recevez des torrens d'eau qui tombent d'aplomb avec une force incroyable, accompagnés des plus beaux éclats de tonnerre que j'aie jamais entendus. Ces pluies retardent votre marche, rendent le terrain impraticable, et démoralisent complétement votre petite troupe. Les membres des malheureux Indiens sont engourdis et raides, et ils restent dans une immobilité complète, comme si tout souffle de vie s'était retiré d'eux.

Un jour que j'avais été assailli par un de ces violens orages, je parvins à me réfugier sous une méchante cahute; je ramassai un peu de bois et fis du feu pour me sécher. Toute ma bande, ruisselante d'eau, se précipita autour du foyer, d'un mouvement spontané et sauvage. Ils formèrent bientôt deux rangs en s'accroupissant tous comme des singes; les plus rapprochés ramenaient leurs bras au-dessus des flammes avec une insensibilité qui m'étonnait, ceux du second rang se serraient derrière leurs camarades sans trouver place. Une expression de stupidité, que je ne saurais rendre, se lisait sur tous ces visages. J'essayai en vain de faire comprendre aux plus mal partagés qu'en se dérangeant pour ramasser quelques branches, et en suivant mon exemple, ils se seraient bientôt fait d'autres feux dont ils profiteraient à leur aise. Ils me regardèrent sans m'entendre, et restèrent à se morfondre dans leur mauvaise position sans avoir la force de s'en créer une meilleure.

Il faut avouer toutefois que le misérable costume de ces pauvres gens doit encore contribuer à augmenter l'abrutissement où le froid et l'humidité les plongent ainsi en peu d'instans. Ils n'ont pour se couvrir qu'un grand peignoir de toile blanche qui leur tombe jusqu'aux talons; quand ils veulent reposer, ils le déroulent, et dorment à terre enveloppés dans ce manteau léger. Pour marcher, au contraire, ils relèvent les ex-

trémités de cette grande robe; et en la serrant autour
des cuisses avec beaucoup d'art, ils s'en font une cu-
lotte courte. Deux longues bandes étroites de mousseline
grossière et communément bleue ou rouge, qui ser-
vent, l'une de ceinture, et l'autre de turban, complè-
tent leur accoutrement. On conçoit que la moindre
pluie les pénètre jusqu'aux os. La fraîcheur des nuits
leur est également très funeste. Ils avaient l'habitude
de dormir étendus par terre autour du palanquin dans
lequel j'étais réfugié, souvent sous le simple couvert
d'un arbre. Le matin, lorsque je voulais partir avant
le jour, j'étais obligé de les secouer violemment les uns
après les autres pour les réveiller. Je perdais réguliè-
rement, avant de me mettre en marche, une grande
demi-heure dans cette opération préliminaire.

Si en toute occasion ils manquent de vigueur, ils
montrent du moins assez habituellement un caractère
souple, de l'esprit naturel et de la gaîté. Un beau soleil réchauffe leur imagination : pendant la grande
halte de midi surtout, on les voit jouer et plaisanter
entre eux, au lieu de se reposer; il y a aussi à chaque
halte une mare où ils vont faire leurs ablutions; ils se
dépouillent de leurs vêtemens légers, les lavent dans
l'étang et les suspendent de tous côtés. Leur joie est
alors bruyante; ils s'amusent comme des enfans. Souvent dans la troupe se rencontre un bel esprit qui fait
taire les autres, raconte, et tient en suspens l'attention
de l'auditoire, car ils aiment passionnément les lé-
gendes. En d'autres instans, pendant la marche, ce

sont de vives querelles, une loquacité effroyable, à faire craindre qu'ils ne s'égorgent entre eux ; puis tout se calme ; une voix isolée laisse encore par intervalles tomber quelques sarcasmes, et les rires remplacent bientôt les éclats de la colère.

Chaque jour de semblables scènes se renouvellent. Parmi les singularités qu'offrent les habitudes et les mœurs de ce peuple, il ne faut pas oublier leurs préjugés de caste. Les ving-cinq Indiens qui me servaient appartenaient à trois ou quatre castes distinctes ; et, malgré le besoin naturel de s'unir, de s'entr'aider mutuellement pour diminuer les privations générales, ils n'auraient jamais consenti à manger tous ensemble. A l'heure des repas, ils se divisaient par groupes, et chaque caste formait sa gamelle ; leurs cuisines et leurs feux, répartis par escouade, ressemblaient à un petit camp. J'ai eu un daubachi de haute caste, qui ne pouvait, en route, manger que chez les brahmes, et était obligé de faire quelquéfois deux lieues de traverse pour aller chercher son dîner à la pagode la plus voisine. Un autre, musulman, et neveu d'un capitaine de cipayes, ne refusait point de faire ma cuisine ; mais il ne pouvait toucher à ce qu'il avait préparé lui-même : il avait son propre domestique à lui, pour le nourrir en chemin. Ce dernier tomba malade, resta en arrière, et mourut, je crois, sur le bord d'un fossé ; mon musulman, privé de son marmiton, se soumit à des jeûnes fréquens, toutes les fois que, dans les lieux que nous traversions, il ne pouvait prendre ses repas

suivant les rites et les usages de sa caste.—Est-ce un
préjugé religieux qui leur imposait d'aussi sévères
obligations? Quoique incapable d'approfondir théolo-
giquement cette question, je pense que la fierté d'origine y entrait pour beaucoup. Lorsque je les interro-
geais, ils me répondaient qu'en manquant à leurs
devoirs journaliers, ils seraient chassés, par leurs
frères, de la famille à laquelle ils appartenaient, et
rejetés parmi les pariahs; qu'ils ne seraient plus bons
qu'à dépecer, dans les lieux immondes, les animaux
morts et les carcasses que se disputent les corbeaux :
aussi le contact d'un pariah est une telle souillure, que
des ablutions immédiates et nombreuses peuvent seules
l'effacer. C'est à ces vieux principes de leur éducation
que les nombreuses castes indiennes doivent leur stabilité, qui repose aussi sur l'hérédité des professions
et le mariage entre les individus de même caste.

Avant de gravir le plateau du Mysore, je longeai
quelque temps le pied des Ghâtes. Désirant observer
une curiosité minéralogique dont j'avais entendu parler dans le pays, je m'arrêtai dans un petit hameau,
nommé Trivocaret, près duquel on découvre, au fond
d'un ravin circulaire, plusieurs troncs d'arbre de six
à huit pieds de circonférence, entièrement pétrifiés.
Ces arbres, ainsi qu'une foule d'autres débris de diverses dimensions, donnent un beau marbre jaune
veiné, et sont à demi ensevelis dans le sable. Les Anglais ont déjà fait, sur les lieux, des fouilles nombreuses. Il n'existe aucune forêt à laquelle de pareils

arbres aient pu appartenir ; la date de ces pétrifications doit donc être très reculée.

Ma première station de quelque importance fut au fort de Vellore : ce fort est du petit nombre de ceux que la politique de la Compagnie entretient en état de défense ; il est la clef des vastes pays qu'elle a conquis au-dessus des Ghâtes, et il a toujours été occupé militairement. C'est à Vellore que furent d'abord renfermés les jeunes fils de Tippoo ; une révolte générale des régimens cipayes, en leur faveur, était sur le point de réussir, lorsqu'elle fut réprimée par la présence d'esprit et l'audace d'un colonel, qui enleva brusquement les princes, et parvint à les soustraire aux mains qui cherchaient à les délivrer. Conduits rapidement à Madras, ils furent ensuite dirigés sur Calcutta. L'un d'eux a fait, à ce que j'ai ouï dire, un séjour en Angleterre, et est devenu une espèce de fashionable. L'édifice qui leur servait de prison dans le fort est encore habité aujourd'hui par une veuve de Tippoo, très âgée, et si sédentaire, qu'elle ne franchit jamais le seuil de son palais.

L'arsenal actuel occupe l'enceinte d'une ancienne pagode vénérée, qui attire les regards, par ses sculptures, d'un travail si achevé, qu'on eut l'idée de les envoyer au roi d'Angleterre ; mais les dépenses qu'aurait occasionnées le transport arrêtèrent l'exécution de ce projet. Les portes du fort sont prodigieusement massives et garnies d'énormes clous pointus, afin d'empêcher les éléphans de les battre en brèche.

Dans son ensemble, la citadelle m'a paru d'une très bonne défense pour le pays : elle a ses escarpes et contrescarpes solidement construites en belles pierres dures. Ses murailles, noires et crénelées, présentent des bouches à feu de gros calibre, et sont séparées du glacis par de larges fossés remplis d'eau, et où nagent de grands caïmans. Ces monstres pourraient en être, au besoin, les gardiens aquatiques. Ils sont fort redoutés des Indiens, qui ne manquent point de vous signaler leur présence.

En sortant de Vellore et en se dirigeant vers l'ouest, on entre presque aussitôt dans les gorges des montagnes. Après avoir cotoyé le Palaur, large rivière sujette à de terribles débordemens, et qui a souvent figuré comme ligne militaire dans les vieilles guerres du Carnatic, j'arrivai au village de Laulpett, au pied des Ghâtes et du col de Pedoonaig-droog. Ce village, peu éloigné de la ville de Sautgur, situé dans un joli pays, possède une mosquée charmante, et se recommande, s'il faut en croire les habitans, par un puissant souvenir historique, la mort de Hyder-Aly. Forcé, après une guerre acharnée contre les Anglais, de se replier sur les montagnes, il y aurait succombé, en quelques jours, d'un mal déjà ancien que le chagrin et le découragement avaient contribué à aggraver. Une maladie dartreuse, lèpre ou gale, fut, selon eux, la cause d'un dépôt qui se forma derrière l'épaule, et l'emporta si subitement, que sa mort resta secrète pour son quartier général. Un courrier fut expédié à

Tippoo, qui eut le temps d'arriver des provinces éloignées de l'ouest, et apprit en personne aux troupes une nouvelle dont sa présence seule pouvait diminuer la funeste impression.

Le passage de Pedoonaig-droog se franchit en quelques heures. Parvenu au sommet, je débouchai sur un vaste plateau où je fus accueilli par un vent froid et violent qui me fut très douloureux. Je ne pouvais me débarrasser d'un frisson glacial, et je ne me souviens pas d'avoir jamais autant souffert en Europe, au milieu des neiges des Alpes ou des Pyrénées. Il est vrai que le changement de température était un peu brusque; la veille encore j'étais épuisé par l'action dévorante d'un climat de feu, et j'arrivais de la côte de Coromandel où les rayons solaires, réfléchis par de longues plages sablonneuses, concentrent une chaleur étouffante qui monte au visage et produit des congestions cérébrales souvent mortelles. Aussi les accidens sont-ils fréquens, surtout à l'époque des vents de terre, qui règnent sur la côte pendant les mois de mai, juin et juillet. J'ai été témoin des singuliers effets de ces vents du nord à Pondichéry. Tout le temps de leur durée, chaque objet paraît brûlant au toucher, même les siéges de paille de bambou, sur lesquels vous cherchez à reposer. Le verre que vous portez à vos lèvres produit une douleur cuisante; l'eau seule, par une bizarre anomalie, semble fraîche. Au contraire, lorsque la brise de mer s'élève pour rendre à l'atmosphère sa température ordinaire, l'eau, qui, quelques momens auparavant, était le seul réfrigérant que l'on pût se procurer, acquiert à son tour une tiédeur désagréable.

Lorsque nous débarquâmes, au mois de mai, à Pondichéry, ces vents de terre, qui commençaient à souffler à des intervalles assez rapprochés, achevèrent de détruire le peu de vie qui soutenait encore l'ancien gouverneur, M. de Melay. Il rassembla ce qui lui restait de forces pour monter à bord de son bâtiment, et l'espoir de revoir la France le ranima un instant; mais les plages meurtrières qu'il cherchait à fuir réclamèrent leur proie près de leur échapper. Le troisième jour de son départ, encore en vue des côtes de l'Inde, il s'éteignit complétement; et ses dépouilles, comme celles de Jacquemont, revinrent à cette terre inhospitalière. Triste fin de deux hommes éminens, partis ensemble pour des régions lointaines, et qui succombaient au moment de recueillir les fruits d'une longue expatriation et de nombreux sacrifices! Presque témoin moi-même des dernières souffrances de M. de Melay, j'ai rencontré plus tard, dans mes voyages, des personnes qui avaient eu des relations avec Victor Jacquemont : je me suis trouvé plusieurs fois à Poonah et à Bombay avec un médecin qui l'avait soigné au début de sa cruelle maladie, long-temps avant qu'il fût transporté à l'hôpital militaire de Bombay; et j'ai pu me convaincre que l'amiral et le savant naturaliste furent également victimes des devoirs de leur position et de leur zèle inconsidéré à les remplir au-

delà de ce que leur permettait une santé déjà com-
promise. En citant ces deux exemples douloureux d'un
sort trop fréquent pour les Européens dans l'Inde,
mes souvenirs se portent tristement sur bien des personnes au visage blême que j'ai vues, à peu près partout, accablées par ce climat dévorant et auxquelles
je ne supposais pas plus de six mois de vie!

Le vaste plateau de Mysore, ouvert à tous les
vents, me parut triste comme le désert; mon œil
cherchait en vain à se reposer parmi ces plaines imm-
menses, sans végétation, et au milieu de ces jungles,
où ma seule distraction était de distinguer parfois
quelques antilopes fuyant à mon approche. Cependant, à de grandes distances, je trouvai de beaux
étangs; comme dans les oasis, la culture s'était réfugiée sur leurs rives. Les villes, d'un aspect tout parti-
culier, ceintes de fortifications de terre sèche qui rap-
pellent les époques guerrières et révèlent l'esprit in-
quiet des habitans, sont toujours bâties sur le bord
des lacs, qui remplacent les rivières dans cette partie
du royaume. Dans le voisinage de Nursapoor, j'allai
admirer un des plus beaux arbres de l'Inde sans con-
tredit. Averti par la renommée, je consentis à me dé-
tourner d'un mille de ma route pour faire un pélerinage à ce vieux roi de la nature, objet d'un culte
sacré, et dont l'histoire se perd dans la nuit des temps.
Je demandai son âge; mais on ne voulut pas se hasarder à rien préciser. Suivant l'usage oriental, on me
répondit par des milliers d'années. Dans les questions

numériques, le chiffre 40 est celui qu'ils affectionnent
le plus, et ils le laissent toujours complaisamment
précéder la collection des mille. Quoi qu'il en soit,
cet arbre séculaire avait une souche prodigieuse; il
appartenait à l'espèce de figuier très connue des na-
turalistes sous le nom de *Ficus indica*, et des colons
sous celui de *Multipliant*. Outre son tronc principal,
d'une énorme circonférence et formé d'un faisceau de
racines très multipliées, ses branches, étendues hori-
zontalement dans toutes les directions comme des bras
immenses, avaient laissé pendre au-dessous d'elles de
nouveaux liens, qui, en descendant jusqu'à terre, y
avaient pris racine et étaient devenus autant de belles
colonnes destinées à soutenir sa large toiture. L'arbre
s'est ainsi réellement reproduit dans une vingtaine
d'autres, et couvre de son ombre épaisse un grand
nombre de compartimens et de salles, dans lesquelles,
sans exagération aucune, plus d'un bataillon bivoua-
querait à l'aise. Il renferme une petite chapelle indienne
qui lui est consacrée, et qui a ses brahmes pour la
desservir.

Parmi les lieux qui m'ont servi de halte, je distin-
guerai la ville de Colar, grande, peuplée, et offrant
les ressources d'un bazar bien approvisionné. A l'extrémité de l'étang sur les bords duquel elle est bâtie,
s'élève l'enceinte assez imposante d'un vieux fort,
uniquement construit en terre sèche, et pouvant renfermer une garnison de deux ou trois mille hommes.
Quoique abandonné, il n'a subi aucune dégradation

du temps. En dehors de la ville, j'allai visiter les tombes de la famille de Hyder-Aly. Une mosquée assez petite, très simple, mais entourée de fleurs et d'arbustes, leur sert de dernier asile. Tout près est un jardin d'orangers et un bassin d'eau limpide pour les ablutions, où l'on descend par des gradins en amphithéâtre. Cet ensemble inspire le respect et met dans tout leur jour les sentimens religieux d'un peuple naturellement paresseux, et par-là même étranger aux jouissances du luxe, mais qui réserve pour ses morts toutes les beautés d'une nature riante. J'entrai dans le caveau royal, et j'aperçus une quinzaine de pierres sépulcrales sans ornemens et telles qu'on en peut voir dans tous les cimetières musulmans de l'Inde. Elles étaient de différentes grandeurs, mais de peu d'intérêt, appartenant à des enfans morts en bas âge, à des parens, à plusieurs des femmes de Hyder. Lui-même y fut quelque temps déposé, après y avoir été apporté de Laulpett, et jusqu'à ce que le mausolée que lui érigea son fils, à Seringapatam, fût prêt à le recevoir.

Hyder-Aly a été certainement le plus grand homme des derniers siècles de l'Inde. Pour apprécier l'étendue de son génie, un court exposé doit suffire. Sa naissance est encore un mystère. Parmi les versions différentes auxquelles elle a donné lieu, les unes le font fils d'un tisserand, d'un gardeur de troupeaux dans le *Travancoor*; selon d'autres, sa famille descendait, au contraire, du *Pundjâb*, et son grand-père, après avoir mené la vie d'un fakir errant, avait fini par se fixer dans le Mysore. Le trône qu'il réussit à usurper n'était pas moins obscur, et l'on peut dire qu'il se créa un peuple à sa taille. Inconnu des puissances voisines, gouverné par de faibles radjahs hindous, avili sous le joug de ses anciennes coutumes, le Mysore joua pour la première fois un rôle en 1752. Au siége de *Trichinopoly*, dans les sanglans débats de la succession du Carnatic, il est fait mention de l'armée auxiliaire des Mysoréens; c'est aussi alors que Hyder, parti comme simple soldat, commença à conquérir ses grades. Il grandit rapidement, et bientôt avec lui parut sur la scène politique un empire tout nouveau, qui devait peser dans la balance parmi les pouvoirs prépondérans de l'Inde.

Déjà en 1761, à la suite de la première reddition de Pondichéry et des résultats déplorables de l'administration de Lally, quelques Français, obligés de se faire aventuriers, s'étant enfoncés dans le Mysore, y trouvèrent Hyder-Aly général en chef, et revêtu, comme régent, de l'autorité souveraine. La haine qu'il avait conçue contre les Anglais, d'abord ses alliés dans la querelle de succession entre Mohamed-Aly et Chûnda-Saheb, était alors parvenue à son plus haut degré d'animosité. Née d'intérêts opposés, cette haine remontait à l'époque des siéges de Trichinopoly, que le nabab du Carnatic avait consenti plusieurs fois à lui céder pour prix de son assistance victorieuse; mais toujours la politique anglaise était intervenue pour

contrarier ces plans, et elle avait fini par l'empêcher
de prendre possession d'une ville qu'il convoitait ar-
demment. Hyder s'empressa d'accueillir des étrangers
qui, partageant ses ressentimens, promettaient de se-
conder ses vues belliqueuses. C'étaient là des auxi-
liaires bien précieux si l'on songe qu'à cette époque
il travaillait à introduire la tactique européenne dans
ses troupes. Mais tous ses efforts restèrent incomplets.
Toute innovation épouvantait les Hindous, qui formaient la principale force numérique de ses armées;
ils refusaient d'abandonner leurs vieilles traditions,
leurs flèches, leurs fusils à mèche, et décourageaient
les musulmans naturalisés parmi eux; les ordres du
prince, qui les avait soumis à des exercices régimen-
taires, étaient impuissans à leur donner confiance
dans la supériorité de ces essais de réforme. Avec de
pareils soldats, la méthode de Hyder, et c'est là encore
ce qui prouve son génie, dut être, dans tout le cours
de ses campagnes, d'éviter les batailles rangées et de
harceler constamment l'ennemi. Il poussa les réformes
jusqu'à bannir les femmes de ses armées; son fils cependant reprit l'usage de se faire suivre de son *zenana*
(harem); dans une de ses guerres contre les Anglais,
ceux-ci le lui enlevèrent. Il fallut à Hyder une habileté
peu commune pour déjouer les intrigues suscitées
contre sa puissance; il parvint sans guerre civile, sans
commotions intérieures, à monter sur un trône qu'il
avait élargi par ses conquêtes, et où la stabilité des
coutumes, jointe à l'inimitié des grands de la cour,

secrètement payée par l'or anglais, maintenait encore la chétive figure des légitimes souverains hindous.

A cette époque, l'empire mogol croulait de toutes parts, et l'Inde entière, réveillée par l'appât du gain, convoitait chacun de ses débris; c'est alors qu'une puissance nouvelle, création d'un seul homme, s'éleva au centre de la péninsule. Merveilleusement situé sur un plateau qui domine les deux mers, immense citadelle défendue par les Ghâtes, qui ne laissent pour y monter de l'une ou l'autre des côtes de Malabar et de Coromandel, que de rares et étroits passages, le Mysore jeta un éclat d'autant plus vif et soudain, que ses commencemens, presque inaperçus, avaient excité peu de jalousie. Hyder ajouta rapidement à ses lauriers la conquête du Canara, les tributs de plusieurs villes considérables du Malabar, et dota ses états de quatre-vingts lieues de dépendances maritimes, sur une côte extraordinairement fertile et arrosée par une multitude de belles rivières. Enfin, maître de réaliser tous ses projets et de se tourner contre les Anglais, il fit comprendre qu'on pourrait leur enlever les riches dépouilles qu'ils venaient de recueillir dans le Mogol. Il ouvrit des négociations avec les autres grandes puissances dont il était devenu l'égal, il chercha à les ébranler toutes, et devint l'âme d'une ligue qui, malheureusement, renfermait des élémens trop divers pour avoir de la durée. Abandonné par ses alliés dès les premiers jours, il combattit seul ses ennemis,

après avoir vu ses vastes plans de destruction paraly-
sés par leur habile politique. En effet, les Mahrattes
d'un côté, le Soubabdhar ou *Nizam* du Deccan de
l'autre, se laissèrent gagner à prix d'argent, et restèrent immobiles dans leurs quartiers, pendant que,
rassurés sur leurs derrières, les Anglais s'empres-
saient de porter les premiers coups. Ils se jetèrent
sur Pondichéry, où ils entrèrent sans coup férir : la
France, indifférente sur le sort de sa colonie, avait
laissé Pondichéry ruiné, démantelé, sans aucun canon sur ses remparts ni une barque de pêcheur dans
sa rade ; aucun des secours qu'elle avait promis n'arriva. Hyder seul lutta donc corps à corps avec ses
mortels ennemis. Il fit long-temps la guerre dans le Carnatic qu'il ravagea dans tous les sens ; le cours de ses
nombreuses campagnes offrit de nouvelles preuves de
ses talens et de son audace. Un jour, entr'autres, on
le voit battu par le général Smith, et, après avoir
trouvé le moyen de se dérober à sa poursuite par des
marches et des contre-marches multipliées, se présenter à l'improviste sous les murs de Madras, où il dicte
des lois et des conditions de paix.

C'est au milieu de ces guerres sanglantes qu'il mourut, inconsolable d'avoir vu ses projets renversés par
une habileté supérieure à la sienne, et d'être forcé
de reconnaître que sa gloire avait été funeste à ses
peuples. Il léguait à son fils, déjà associé à ses vic-
toires, le poids bien lourd de vastes états, fruits de
la conquête, et difficiles à conserver ; un pouvoir

nouveau, contre lequel on était parvenu à ameuter les jalousies et les intrigues des cours voisines, enfin une haine pour les Anglais ouvertement déclarée et désormais irréconciliable. A l'école paternelle, Tippoo n'avait su apprécier que le courage, l'ardeur guerrière et la témérité des entreprises. Il n'hérita point de la sagesse, de la prévoyance, ni de toutes les qualités de l'homme d'état; et l'infortuné sultan apprit plus tard, par la catastrophe qui bouleversa sa capitale et qui lui coûta la vie, que la bravoure seule était dans l'Inde une arme impuissante contre la politique européenne.

Peu de jours après avoir quitté Colar, je m'arrêtai à Bangalore, la ville la plus importante aujourd'hui de tout le Mysore, et dans laquelle je fus reçu avec une grande bienveillance par le général qui commandait la garnison. C'est le plus considérable des cantonnemens permanens des Anglais dans l'intérieur de la péninsule. Les casernes en sont réellement magnifiques et toutes disposées sur une seule ligne, devant un superbe terrain de manœuvres, dont elles forment un des côtés; la façade correspondante est occupée par un temple anglican, par de jolies habitations réservées aux principales autorités et aux officiers supérieurs, et par une salle de concert où l'on entend de la musique militaire à l'heure des promenades. Vers l'une des extrémités de ce Champ-de-Mars, qui a une lieue de longueur, on trouve encore, comme dans tous les établissemens anglais, un bel emplacement pour les courses de chevaux, qui sont assez fréquentes. L'autre extrémité mène à la *ville noire*, c'est-à-dire toute indienne (la *pettah*, en langue du pays). Sa population nombreuse, ses bazars, sont tout un monde à part et sans aucun rapport avec la colonie européenne. L'habitude constante des Anglais est de se répandre dans la campagne, et d'offrir en dehors d'une cité indigène l'apparence d'un vaste campement. Au-delà de la *pettah*, et à quatre milles du cantonnement, est situé le fort, dont les remparts en pierre sont d'une médiocre défense. Il serait facile, au contraire, de profiter, en guise de fortifications, des larges fossés dont la *ville noire* est entourée, et sur lesquels sont jetées quelques chaussées étroites, nécessaires pour conduire, par des détours, aux différentes portes. Des bambous, des cactus et une multitude de ronces impénétrables, remplissent ces fossés et s'élèvent à une hauteur qui masque la Pettah. Toute espèce de projectile doit aller mourir dans cet épais fourré, à l'épreuve de la plus grosse artillerie, et je doute même que le feu pût prendre au milieu de broussailles d'une nature aussi vivace. Ces remparts naturels, qui m'ont frappé, sont communs à beaucoup d'anciennes villes de la contrée. J'ai également suivi assez souvent de petits chemins tortueux et bordés de cactus, dont les deux murailles de verdure avaient sept à huit pieds d'élévation, et servaient de défilé à l'entrée des villages.

Le cantonnement renfermait, à l'époque de mon

passage, deux régimens d'infanterie européenne, quatre de cipayes, trois compagnies d'artillerie, partie à cheval, partie attelée de bœufs, et deux régimens de cavalerie, dont l'un de dragons du roi, et l'autre d'indigènes. Tous ces régimens étaient fort beaux, parfaitement habillés, et les deux derniers supérieurement montés. La plupart de leurs chevaux vaudraient en France plus de 1,000 francs chacun; ils sont constamment tenus au piquet, quelque temps qu'il fasse, et pendant toutes les saisons de l'année. On les attache par les pieds de derrière, avec de longues cordes fixées en terre, selon l'usage du pays; ils restent toujours ainsi parqués par compagnies. Les Anglais prétendent qu'ils ont reconnu la supériorité de cette méthode d'accoutumer leur cavalerie à toutes les intempéries de l'air, et qu'ils perdent beaucoup moins de chevaux que dans les écuries de nos quartiers européens.

La route de Bangalore à Seringapatam offrant peu d'intérêt, je me décidai à changer, pour cette distance seulement, mon mode de voyager. Mon séjour à Bangalore et la galanterie anglaise m'avaient mis à même de faire prévenir de mon passage, et en vingt heures je fus transporté d'une ville à l'autre, après avoir parcouru quatre-vingts milles (plus de vingt-cinq de nos lieues), d'une manière aussi leste qu'agréable. Dans mon palanquin, porté par de vigoureux Mysoréens, j'avais couru la poste du pays nommée *tappal*, et je n'avais eu qu'à me féliciter de l'extrême rapidité de cette marche, ainsi que des égards et de la ponctualité que je rencontrai partout sur ma route, grâce aux recommandations de l'autorité anglaise. Singulier service de malle-poste! Qu'on se figure, à chaque station de dix milles, des relais humains, attendant l'heure de votre passage, disposés et équipés d'avance pour la course et prêts à vous enlever à l'instant même où leurs camarades, après avoir fourni leur carrière, s'arrêtent tout haletans et couverts de sueur.

Ce fut un soir du mois de novembre, à la chute du jour, que j'arrivai à Seringapatam. Les souvenirs historiques que j'avais déjà recueillis, fortifiés de cette impression profonde que cause la vue de la scène où les événemens se sont passés, m'accompagnaient dans cette capitale tombée qui les résumait tous. Je venais de traverser des sites mieux cultivés, plus variés et plus rians que tous ceux que j'avais vus jusqu'alors. Le dattier se faisait remarquer dans les champs; enfin le Cavéri, répandu dans de nombreux canaux, m'arrêtait par ses circuits divers, lorsque dans le lointain, Seringapatam, éclairée des derniers rayons du soleil, s'offrit à moi avec un singulier aspect de grandeur. Sa belle position sur une colline, à l'issue inférieure de la vallée, fait ressortir ses masses de ruines, restes de fortifications imposantes, et frappe l'imagination du voyageur qui a déjà entendu s'échapper de toutes les bouches les noms de Hyder-Aly et de Tippoo.

J'allai me loger en dehors de la ville, à une portée de fusil de ses remparts, dans une habitation charmante, quoiqu'elle ne soit plus qu'un débris effacé de la magnificence du sultan Tippoo-Saïb, et qu'elle serve aujourd'hui de *bungalow* aux voyageurs européens. Le sultan avait fait bâtir cette maison de plaisance et aimait à s'y reposer. La forme de ce palais est celle d'un beau pavillon carré, précédé sur ses quatre faces d'une large galerie et d'un péristyle de plusieurs marches ; les pilastres de la galerie, les fenêtres et les portes intérieures sont d'un style moresque très gracieux. Au premier étage, on peut admirer une fort jolie salle de réception, communiquant avec des boudoirs placés aux angles de l'édifice, et d'où l'on monte à une grande terrasse. Le paysage est magnifique : des arbres touffus, des bassins enduits de ciment et destinés autrefois à recevoir les eaux, et deux petits temples élégans, ornent les jardins. On m'a dit qu'après le sac de Seringapatam, cette délicieuse demeure servit quelque temps de quartier général au colonel du trente-troisième régiment, aujourd'hui duc de Wellington, alors commandant-gouverneur de Mysore.

Le Cavéri, après avoir serpenté dans la vallée en courant du nord au sud, réunit toutes ses eaux pour se présenter de front contre la ville, et au pied même de ses murs se partage de nouveau en deux branches qui forment une île longue et étroite. Deux collines s'élèvent à chaque extrémité ; la première de ces collines est occupée par la ville de Seringapatam; à trois quarts de lieue au-delà, sur la pente méridionale de la seconde, qui est beaucoup moins élevée, on aperçoit une ville ouverte, toute indienne, appelée Ganjam par les habitans, jadis florissante et maintenant encore pourvue de quelque commerce. Les Anglais y ont établi des dépôts d'invalides et de grands magasins. L'île est sillonnée de larges et belles routes; après les avoir suivies pour traverser Ganjam, je m'arrêtai à la pointe-sud, où j'allai visiter Hall-Bag (joli jardin).

Un arc de triomphe annonce dignement l'entrée; une large avenue vous conduit directement par une pente douce et insensible au mausolée de Hyder-Aly et de Tippoo. Le temple est de forme ronde, surmonté du dôme ou bonnet musulman, et isolé sur une plate-forme qui le sépare d'autres édifices servant de mosquée et de caravanserail. Trois belles portes, travaillées et sculptées en bronze, s'ouvrent sur l'intérieur du mausolée, et la rotonde, parfaitement ornée, laisse voir trois tombes couvertes de velours rouge, celles de Hyder, de son fils d'un côté, et de sa femme de l'autre; au-dessus de ces tombes sont suspendus par des cordons de soie, et symétriquement placés, de gros œufs d'autruche. Les jardins qui entourent le monument sont vastes et bien entretenus; à l'entrée, au milieu d'une petite place, s'élève un obélisque peu gracieux. Il a été assez récemment taillé et dressé par les procédés indiens, mais son granit fort grossier et ses formes mal arrêtées ne méritent point l'attention. Derrière l'obélisque, on trouve une espèce de portique ou de chapelle monumentale, dont l'inscription, en marbre noir, rappelle le nom d'un colonel anglais, mort, je crois, dans les cachots du sultan.

Revenant sur mes pas, et me dirigeant vers l'autre extrémité de l'île, j'entrai dans Seringapatam. Un silence de mort règne aujourd'hui dans son enceinte dévastée. Je considérai à loisir ses fortifications qui n'avaient pu la sauver, sa triple enceinte séparée par des fossés creusés dans le roc, et ses massifs de maçonnerie qui, situés en arrière et aux angles des bastions, présentaient des *cavaliers* d'une extraordinaire élévation, d'où les assiégés pouvaient examiner ce qui se passait au dehors. La place n'est garantie par ces triples remparts que du côté de la terre ferme; au-dessus des rives du Cavéri, au contraire, la muraille, baignée par les eaux, est une simple *chemise* sans résistance. On avait négligé de fortifier ces parties réputées fortes de leur position naturelle. Aussi ce fut sur la branche occidentale du fleuve, près de la pointe de l'île, que l'assaut fut donné, et la ville emportée le 4 mai 1799. Déjà, en 1792, les troupes réunies de lord Cornwallis et du général Abercromby avaient assiégé Seringapatam; mais les gués de la rivière étant alors couverts par une ligne de retranchemens que le sultan avait eu tout le temps d'élever, sous la direction d'ingénieurs européens, les opérations du siége se prolongèrent indéfiniment. Cependant, après des pertes considérables de part et d'autre, les Anglais allaient parvenir probablement à réaliser leur pénible conquête, lorsque Tippoo consentit à un traité qui le dépouillait d'une partie de ses états et le réduisait à peu près à l'ancienne nullité des radjahs hindous.

Depuis cette époque, la fin de son règne n'est plus qu'une suite de fautes grossières. Aigri par le malheur, il afficha, avec une maladresse impardonnable, des projets de vengeance aussi violens qu'absurdes; et lorsque la Compagnie lui demandait compte de sa conduite, il se parjurait bassement. A sa cour, où il s'intitulait fastueusement le seigneur des montagnes, des vallées et des îles de la mer, il accueillait des aventuriers français, gens sans aveu, sans instruction, et républicains d'espèce nouvelle, qui trouvaient bon de vivre aux dépens d'un despote très absolu et d'humeur très irritable. Au milieu de ces énergumènes, Tippoo se parait de l'étrange titre de citoyen-sultan, qu'il était loin de comprendre. On raconte qu'un jacobin, nommé Ripaud, corsaire échoué sur la côte Malabare, se présenta un jour effrontément devant Tippoo, comme un envoyé diplomatique de l'Ile-de-France; il se fit accorder la permission de former un club dont l'ouverture eut lieu avec beaucoup de solennité, et poussa le délire jusqu'à planter l'arbre de la liberté sur la place publique de Seringapatam. Le sultan lui-même eut l'incroyable simplicité d'y assister et de faire saluer le grand mât d'une salve de cinq cents coups de canon. Pour clore la cérémonie, on prononça le serment de haine aux tyrans, à l'exception toutefois de l'excellent citoyen-sultan Tippoo-Saïb!

Ces détails peuvent donner une idée de la folie et de l'aveuglement du sultan. Alors qu'il était le plus besoin d'opposer ruses contre ruses, et de déjouer les adroites menées des Anglais, il resta indifférent à la dispersion d'un corps français de quatre mille hommes, à la solde du Nizam, et que M. Raymond avait rendu redoutable. Ce premier avertissement perdu, il ne sut pas davantage empêcher que l'influence anglaise ne pénétrât bientôt dans les cours de Poonah et de Hyder-abad. Il devenait évident que ses ennemis, maîtres peu à peu de toutes les avenues, n'attendaient plus qu'une occasion pour s'élancer sur une proie qu'ils avaient isolée. Dans cette position critique, il ne sut que protester de son attachement sincère aux traités, qu'à la vérité il n'avait point violés ouvertement, et nier de misérables intrigues trop publiques pour rassurer la Compagnie des Indes.

L'orage, qui grondait au loin, allait fondre sur sa tête. Le gouverneur général, lord Wellesley, tranquille sur les dispositions des puissances voisines, pouvait déjà compter sur la coopération des troupes du Nizam et la neutralité des belliqueux Mâhrattes. Ses plans avaient été momentanément ajournés par notre brillante expédition d'Orient; mais la nouvelle de la victoire de Nelson, parvenue récemment à la présidence, avait dissipé toutes ses craintes. Il était donc libre d'agir.

Les fanfaronnades de Tippoo devaient-elles inspirer une inquiétude assez sérieuse pour commencer brusquement les hostilités ? Peut-être faut-il en chercher le motif dans la lettre suivante :

« Vous avez été déjà informé de ma présence sur la mer Rouge, à la tête de mon invincible armée, qui brûle du désir de vous délivrer et de vous relever du joug de fer de l'Angleterre.

« Je saisis avec empressement cette occasion de vous témoigner mon envie d'avoir de vos nouvelles, et de connaître votre situation, par la voie de Mascate et de Moka.

« Je désire même que vous envoyiez quelque personne intelligente pour conférer avec moi, à Suez ou au Caire.

« Puisse le Tout-Puissant augmenter votre pouvoir et détruire vos ennemis !

« Votre, etc., etc.

« BONAPARTE. »

7 pluviôse, an VII de la république.

Que cette lettre à Tippoo, extraite des rapports de la Compagnie, soit authentique ou non, elle est un indice remarquable des craintes qui ont agi sur la politique anglaise, avant de hasarder une guerre d'extermination.

Au mois de janvier 1799, les préparatifs des hostilités, poussés avec vigueur, et dans le secret le plus profond, à Bombay comme à Madras, n'attendaient plus qu'un signal. Il fut donné le 3 février. Les armées combinées des Anglais sous le général Harris, et du Nizam sous Meer-Alum, s'ébranlèrent; et comme il fallait cependant trouver un prétexte à cette attaque, on mit en avant l'ambassade mysoréenne envoyée à l'Ile-de-France. L'ennemi entra au mois de mars sur les terres du Mysore sans rencontrer un seul obstacle. Le sultan, pris à l'improviste, et dont l'activité ordinaire était d'ailleurs paralysée par un de ces pressentimens dont l'action est si puissante sur l'esprit des mulsumans, ne se décida que tard à sortir de l'inaction. Il voulut d'abord faire une diversion en se portant rapidement sur l'armée de coopération de Bombay, qui avait pris les devants pour se loger dans le pays de Coorg, afin de se réunir en peu de jours aux troupes expéditionnaires qu'elle attendait. Il fut repoussé, sur ce point, par le général Stuart, et il se retourna, par une marche brusque, vers le général Harris, qu'il rencontra, le 27 mars, entre Sultaunpett et Malavelly. Mais, après un simple engagement d'avant-garde, ayant éprouvé un nouvel échec, il revint s'enfermer dans Seringapatam, où les Anglais le suivirent et le bloquèrent immédiatement. Le 9 avril, déjà fort alarmé de la tournure que prenait le siége, il écrivit au général Harris pour entamer des pourparlers. Le 20, cédant à ses vives inquiétudes, il chercha de nouveau à parlementer, demanda une con-

férence, et pria instamment qu'on nommât des négo-
ciateurs. En réponse à ses démarches réitérées, on
se borna à lui faire passer un exposé des conditions
de la paix.

Déjà antérieurement, à l'époque où la Compagnie
tenta d'envoyer le major Deveton à la cour du sultan,
sous prétexte de quelques griefs et d'explications ami-
cales devenues nécessaires, l'intention secrète des
Anglais était d'établir en permanence, auprès de
Tippoo, un *résident politique,* de faire renvoyer tous
les étrangers employés à son service, et d'obtenir leur
exclusion perpétuelle de ses états et de ses armées.
Plus tard, les événemens favorables survenus dans la
politique générale permettant de se montrer encore
plus exigeant, on parla de négocier l'échange du Canara, et de dépouiller Tippoo de toute possession
maritime. Au moment où, les préparatifs achevés, la
guerre éclatait, il fallait de plus y joindre une grosse
indemnité en numéraire. Enfin, à ce dernier période
de la guerre, sous les murs de la capitale, les conditions préliminaires étaient *provisoirement :* « la re-
mise de la moitié du Mysore ainsi que de la place ; les
deux fils aînés du prince livrés en otage ; le paiement
de tous les frais de la guerre, et la *réserve d'autres
prétentions ultérieures.* » Mieux valait courir les
chances du siége que de se soumettre à d'aussi dures
conditions.

Les ouvrages extérieurs ayant été emportés après
quelque résistance, on se mit aussitôt à pratiquer une

brèche à la partie ouest de la ville. A peine fut-elle ouverte, que le manque de vivres, qui commençait à se faire sentir dans le camp anglais, fit résoudre soudain l'attaque. Une reconnaissance exécutée de nuit, pour sonder les gués, avait mis à découvert le côté faible de la ville. La rivière avait été trouvée extrêmement basse, et la muraille, battue en brèche, facile à escalader. L'assaut eut lieu le 4 mai, en plein midi. Trois jours plus tard, une très forte inondation du Cavéri, qui déborda inopinément, eût séparé les assaillans des assiégés, et retardé, peut-être pour longtemps, l'issue des opérations de la guerre.

Tippoo, fatigué d'avoir dirigé le feu en personne pendant toute la matinée sur les réduits où les Anglais étaient logés, reposait dans ses appartemens, lorsqu'on vint l'avertir que l'ennemi avait profité de la plus grande chaleur du jour pour surprendre et enlever la brèche en peu de minutes, et que déjà il s'élançait dans la place. Après un premier moment d'incrédulité, il sortit précipitamment pour reconnaître lui-même l'état désespéré de ses affaires, et fut bientôt tué, comme il cherchait à regagner son palais. On eut beaucoup de peine à découvrir son cadavre ; le général Baird, qui commandait l'assaut, avait pris de vaines informations auprès des fils du sultan, qui ignoraient ce que leur père avait pu devenir, et s'il avait réussi à s'échapper. Enfin la rumeur publique apprit qu'on l'avait vu blessé, mourant et se traînant avec peine sur un pont déjà encombré par les fuyards : la foule se pressait au passage d'une porte située à l'extrémité du pont, et c'est là qu'une décharge de mousqueterie des assaillans, qui arrivaient, avait dû l'achever dans cette mêlée générale. La nuit approchait, des torches furent allumées pour éclairer la fin de cette journée de carnage; et après mille recherches, parmi tous ces corps déjà dépouillés et nageant dans le sang, celui de Tippoo fut difficilement reconnu, et transporté le lendemain en grande pompe au mausolée de son père. Ainsi finit avec un prince vaillant un grand empire, auquel quarante ans d'existence avaient suffi pour atteindre le plus haut degré de gloire et de prospérité, et pour entraîner bientôt dans sa chute tous les autres trônes de la vaste presqu'île. C'est dans Seringapatam, emportée d'assaut, que fut poussé le premier cri d'agonie de l'indépendance indienne!

Peu de mois après avoir quitté cette ville, traversant l'Égypte, et encore préoccupé du souvenir des deux noms célèbres du Mysore, je les associais dans mes impressions à ceux des souverains qui trônent aujourd'hui dans la citadelle du Caire. Hyder et Mehemet, Tippoo et Ibrahim, quelle analogie de caractère et d'origine! et comment ne pas indiquer un parallèle dont l'avenir seul peut dérouler, aux yeux de l'histoire contemporaine, toute la portée!

La ville actuelle de Seringapatam est si déserte, que sa population, réfugiée à son centre autour d'un méchant bazar, ne dépasse point 800 habitans; tous ses autres quartiers, qui pouvaient en faire une cité

de 40,800 ames, sont entièrement saccagés et boule-
versés : on rencontre à chaque pas des pans de murs
délabrés. Le palais du sultan est dans l'état le plus pi-
toyable; en le parcourant en tous sens, j'ai pu cependant reconnaître une grande salle basse surmontée
d'une large tribune, où siégeait Tippoo lorsqu'il donnait des audiences solennelles et voulait s'environner
de tout l'éclat de la magnificence asiatique. Je retrouvai aussi la distribution de ses appartemens intérieurs,
du logement de ses femmes, des salles de ses gardes.
Sur les murailles d'un de ses cabinets, j'ai même
aperçu quelques peintures à fresque fort mal dessinées
par des mains européennes, et représentant des batailles du sultan, ainsi que son entrevue avec lord
Cornwallis. Les cours sont occupées par de longues
rangées de canons en fer de tout calibre qui, autrefois, garnissaient les remparts.

En sortant de ces ruines, j'emportai avec moi l'idée
de la grandeur des infortunes de cette race royale, et
du respect qu'a conservé le peuple pour sa mémoire.
Deux heures après, par une course rapide, j'entrais
dans la capitale actuelle du Mysore, où l'ancienne
dynastie, replacée sur le trône, est censée régner,
tandis que le gouvernement réel est concentré à Bangalore dans les mains d'un simple colonel; toutes les
affaires administratives du pays sont confiées à sa sa-
gacité et à son mérite. Il y a aussi à Mysore un autre
colonel, ayant le titre de résident politique, et dont les

fonctions consistent à surveiller la personne du roi
hindou : de telle sorte que le prince, sous cette double
tutelle, se trouve entouré d'un conseil de famille qui
gère toutes ses affaires.

En 1799, lorsque les alliés, c'est-à-dire les auxi-
liaires d'Hyderabad et de Poonah, eurent fait avec la
Compagnie le partage convenu d'avance de toutes les
conquêtes et dépendances du Mysore, le soin de veiller au maintien de la paix dans l'ancien royaume échut
aux Anglais; et ceux-ci, résolus d'écarter à tout jamais
du trône la race usurpatrice qui avait succombé en
déployant contre eux tant de bravoure et de haine,
parvinrent à découvrir un jeune rejeton de trois ans,
auquel ils remirent le sceptre hindou de ses pères.
Voilà une restauration légitime dans l'Inde, dont les
Anglais sont les premiers et singuliers moteurs.

Je savais que le radjah *Kistna-Raji-Oudawer* avait
perdu l'habitude de recevoir des étrangers; cependant
l'hospitalité qui, durant mon séjour à Mysore, m'était
noblement accordée chez le résident, m'encouragea à
faire un appel à sa courtoisie pour essayer de satis-
faire ma curiosité; je le priai en conséquence de m'obtenir une audience royale. Le prince, après avoir fait
attendre sa réponse, s'excusa sur son état fréquent de
malaise et de tristesse. J'allais donc partir et continuer mon voyage, lorsque, cédant à quelques nouvelles
considérations, il me fit dire qu'il était mieux et dé-
sirait me voir. Mon audience était pour midi, et un

major de l'armée des Indes eut la complaisance de m'accompagner. A notre descente de voiture, nous trouvâmes une centaine de gardes armés de piques, de sabres et de longs fusils, rangés dans la cour d'honneur. Une musique assourdissante nous accueillit. Nous montâmes, à l'angle droit du palais, un escalier de bois à découvert, dont le palier, qui aboutissait à un long balcon, était garni de monde; nous fûmes reçus sur les dernières marches par le ministre, revêtu d'une grande robe de drap bleu. Il nous fit traverser une suite de petits appartemens assez ornés et de sombres et étroits corridors. De nombreux serviteurs tapissaient les murs, et, à mesure que nous passions devant eux, ils nous saluaient du geste et de la parole, avec ces profonds salamalecks en usage chez les Orientaux. Nous arrivâmes enfin, après avoir vu notre marche un peu retardée par la foule des courtisans, dans la salle de réception. C'était une assez grande galerie, ornée de tous les colifichets d'une décoration d'opéra, de riches tapis, de papiers dorés ou argentés, et de pierreries ou plutôt de verroteries de toutes couleurs. Trois marches creusées au milieu formaient un carré entouré de balustrades et de plusieurs pilastres montant jusqu'au plafond, tandis que l'un des côtés communiquait par une large estrade à un réduit disposé au fond de la salle. Cette tribune, élevée de quelques gradins, recevait mieux la lumière que les autres parties de l'appartement; et c'est là que je trouvai le radjah dans sa pompe souveraine. Il était debout au moment où j'entrai ; pour me recevoir il s'assit *à l'européenne* sur son trône d'argent et de velours rouge. A peine les premières révérences furent-elles achevées, qu'il fit un bond et se jucha, un peu comme un singe, les jambes croisées et les coudes appuyés sur les bras de son trône. Ce prince a une physionomie expressive, des yeux superbes, la peau bien noire, la bouche et les lèvres affreuses et d'un rouge incarnat très vif, ce qui tient à l'habitude continuelle de la *chique indienne*. Il est fort petit. Son visage, jeune et sans barbe, annonce de l'esprit naturel, de la finesse, et des dispositions à la gaîté. Son costume était entièrement composé de mousselines blanches, sans que rien le distinguât des indigènes de haute caste.

Après bon nombre de *salams* et de complimens de circonstance, la conversation commença, et nous nous assîmes sur des fauteuils de velours, disposés exprès au-dessous de lui, à sa droite et à sa gauche. Pendant les premières phrases insignifiantes de l'entrevue, nous fûmes soumis à un cerémonial assez varié. Ce furent, au début, différentes essences parfumées qu'on apporta dans des flacons, et dont on nous aspergea ainsi que nos mouchoirs. On nous présenta ensuite, sur des bassins d'argent, plusieurs ingrédiens que l'on mêle avec le bétel ; le prince les introduisit avidement dans sa bouche, et nous examinait pour voir si nous saurions nous en acquitter aussi bien que lui. Mais j'avoue que l'odeur seule m'en ôta toute envie. Je redoublai d'empressement dans mes *salams;* et à l'aide de mon mouchoir et de la rapidité de mes manœuvres, après avoir porté le malencontreux bétel jusqu'à la hauteur de mes lèvres, je le plongeai assez lestement au fond de mon schako. Ce mélange de bétel, de chaux et autres abominables drogues, quoique savouré avec délice par tous les Indiens de distinction, n'en est pas moins infernal par la couleur qu'il laisse à la bouche, et l'odeur fétide qu'il lui fait exhaler. Dans la partie basse et entourée de balustrades qui était au-dessous de nous, on nous offrit, sur des tapis, une collation composée de mets du pays. La crainte d'être obligé d'y toucher devenait d'autant plus vive, qu'il n'y aurait pas eu moyen de se dérober, comme pour le bétel, à une invitation directe. Le prince me rassura, en me prévenant que le service étalé sous mes yeux était uniquement une marque d'honneur qu'il m'accordait.

Les répugnances taciturnes qui le portaient depuis plusieurs années, m'avait-on dit, à se renfermer, sans distraction aucune, dans l'intérieur de son palais, me parurent céder à la curiosité; car il me fit de nombreuses questions. Mon uniforme, qui était celui du 9ᵉ de chasseurs à cheval, fut son premier texte. Il me demanda s'il y avait plusieurs régimens pareils, et il parut ne pas comprendre lorsque je lui répondis : quatorze. Son étonnement fut porté au comble quand,

d'après son désir, je lui appris que notre cavalerie
comptait près de cinquante régimens, et que je l'eus
instruit de tous les détails de notre organisation militaire. Le pauvre roi, accoutumé, depuis l'âge de trois
ans, à ne voir que quelques centaines de gardes d'honneur autour de lui, ne revenait pas de son étonnement. Il passa ensuite à mes moustaches, s'informa si
cet usage était généralement adopté dans nos troupes;
puis au but, à l'itinéraire de mon voyage, et combien
de temps allait me prendre mon retour en France. Il
se complaisait dans une suite de questions frivoles, et
poussa la bienveillance personnelle jusqu'à des détails
de famille. Il me demanda avec un intérêt marqué ce
que faisait mon père. — Rien, lui dis-je. — Comment, rien? — Non, rien, depuis 1830. Mais il ne
fut pas encore satisfait de cette seconde réponse. A
l'insistance tout obligeante qu'il y mettait, je m'aperçus d'où venait son erreur; je lui expliquai qu'il voulait parler d'un de mes oncles, long-temps prisonnier
à Sainte-Hélène et compagnon d'infortune de Napoléon. — C'est cela, me dit-il; et vous aussi, vous
avez été avec l'Empereur? Vous l'avez vu? — Je
racontai que, sans pouvoir compter dans ma vie
un épisode aussi important, mes souvenirs d'enfance
me rappelaient plusieurs visites à la Malmaison, chez
l'impératrice Joséphine; que bien jeune, à cette époque, je n'avais pu cependant oublier les yeux de l'Empereur, qui me paraissaient flamboyans; qu'un jour il

me frappa sur l'épaule, en traversant une allée, et me demanda brusquement ce que je voulais faire, quand je serais grand... Me battre, répondis-je, et ce mot, qui était alors dans toutes les bouches, lui plut... Mais c'est tout ce que ma mémoire pouvait retrouver de ma première jeunesse.

Il désira ensuite avoir quelques détails sur notre révolution de 1830; il aimait à répéter qu'à la même époque précisément, il avait eu, lui aussi, ses journées de juillet dans sa ville de Mysore, et qu'il n'en était sorti vainqueur qu'après avoir composé avec l'émeute. Il insista encore pour savoir si je devais voir le Roi à mon retour, et quand il apprit que ma mission me chargeait de dépêches pour lui, il me recommanda bien de ne pas oublier de lui dire qu'il m'avait reçu. Enfin, il me demanda quand je partais; je lui répondis que je n'avais différé de me mettre en route que pour avoir l'honneur de faire ma cour à son altesse; et notre audience fut levée.

Comme je me retirais, je le vis donner l'ordre à son ministre de me montrer toutes les curiosités de son salon. Lui-même fit quelques pas et vint bientôt nous rejoindre; il me mena devant plusieurs tableaux : je remarquai deux ou trois portraits de lui, assez bien peints et d'une ressemblance parfaite. Il m'arrêta en- suite devant celui d'un général représenté en pied, en me demandant qui c'était? Je répondis naïvement que je n'en savais rien. Il parut surpris, et ayant ques-

tionné un de ses suivans, il me conduisit vers un autre guerrier, monté sur un beau cheval à tous crins.
Je l'avais compris, et cette fois, bien que la mauvaise
gravure coloriée fût du genre de celles que l'on vend
pour deux sous dans nos villages, je lui nommai l'empereur Napoléon; ce qui l'enchanta. Avant de nous
quitter, il tint à me faire voir un joli petit boudoir
voisin de son salon, et disposé à l'européenne avec des
tables de bronze, des vases, une pendule et autres
objets venant d'Angleterre. Je lui fis le plaisir d'admirer le tout. Je sortis enfin de l'appartement, et je me
trouvais déjà sur l'escalier, prêt à redescendre dans la
cour, lorsque je fus encore arrêté : le ministre qui me
reconduisait, sur un mot qui lui fut dit à l'oreille, me
prit le bras pour me conduire à droite, et nous en-
trâmes dans un grand nombre de petites chambres que
je n'avais pas vues ; nous passions aussi dans des corridors étroits et tortueux, montant et descendant alternativement plusieurs marches. Perdu quelque temps
dans ce labyrinthe, j'arrivai dans une grande salle
élevée dont les fenêtres donnaient sur un balcon
qu'occupait le radjah lorsqu'il voulait se montrer au
peuple assemblé sur la grande place publique du palais. Dans un coin du salon était un jeune Hindou ac-
coudé, ainsi que son précepteur, sur une table ronde
au milieu de livres et de paperasses; c'était le fils et
l'héritier présomptif du souverain. Je le saluai, et
après m'être approché de la table pour regarder ses

cahiers chargés de caractères orientaux, j'assistai pendant quelques instans à la leçon ; puis on m'emmena, et, après avoir franchi de nouveaux labyrinthes, j'arrivai au rez-de-chaussée dans un joli vestibule ouvert sur les jardins.

Le radjah, entrant par une autre porte, se présenta au même moment ; il donnait la main à une petite fille de deux à trois ans. La pauvre enfant, habillée en reine et la figure couverte de peintures, avait une petite mine fort singulière, et paraissait charmer son père par sa gentillesse. Nous passâmes dans les jardins où de nouveaux divertissemens nous étaient réservés. Dans le premier, ce fut d'abord un jet d'eau factice que l'on fit partir au centre d'une corbeille de fleurs de façon européenne ; puis une volière d'où on lâcha plusieurs pigeons dressés à s'élever perpendiculairement à une grande hauteur, et à retomber de la même manière en faisant un certain nombre de culbutes dans l'air. Ces culbutes, assurément fort bizarres, paraissaient un des amusemens du radjah.

Nous visitâmes le second jardin, au fond duquel, adossée à la muraille d'enceinte et garnie d'une échelle pour monter à la partie supérieure, se trouvait une rampe d'un stuc extraordinairement poli. Avant que j'eusse eu le temps d'en deviner l'usage, le ministre, le jeune prince qui venait de terminer sa leçon, et le précepteur, descendirent à tour de rôle, et d'une façon bien connue de nos écoliers, cette montagne russe simplifiée. Le radjah paraissait au comble de la joie. De là il me mena à l'entrée d'une cour de service, et, après m'avoir parlé d'un oiseau monstrueux et très méchant dont on lui avait fait présent, il donna l'ordre de lui ouvrir sa loge : c'était une autruche assez belle. Il la fit combattre devant nous avec son gardien.

Nous restâmes un quart d'heure spectateurs de la scène; ils s'excitaient autour d'un arbre, s'attaquaient réciproquement, et cherchaient de temps en temps à se dérober par la fuite. Involontairement je me rappelai Potier dans les *Petites Danaïdes*, et je ne pus me défendre d'un éclat de rire. Durant le combat qui tenait les esprits en suspens, nous étions, les uns derrière les autres, du côté du jardin, et près de la porte entr'ouverte de la cour qui servait de champ clos. Le prince, placé sur le troisième rang, engageait son ministre à s'avancer près des combattans pour observer plus distinctement les détails de la lutte engagée entre l'autruche et l'Indien presque nu; après l'avoir ainsi compromis, il le poussa brusquement et ferma la porte sur lui, se réservant de jouir de sa terreur pendant quelques secondes.

Je devais partir aussitôt après ma visite; le temps me pressait, je tirai ma montre. Sa petitesse le frappa, et après l'avoir comparée à la sienne, qui était une vieille montre anglaise, il me demanda si elle avait été faite à Londres, si elle pouvait aller pendant une année sans être remontée.

Nos spectacles royaux finirent par l'exhibition d'un éléphant qu'un cornac était parvenu à rendre docile en moins de deux mois. Il avait été pris dans les bois, et amené au prince en raison de sa beauté et de sa haute stature.

Les diverses particularités de cette visite, pendant laquelle le radjah avait été loin de se conformer à l'étiquette souveraine, prouvent qu'il est resté, sous la férule de ses maîtres, un grand enfant de quarante ans! Plus tard, dans le Deccan, je retrouvai le même système d'élever les princes tributaires de l'Inde, lorsqu'à Sattarah je me croisai sur la grande route avec le descendant des monarques Mahrattes, qui prenait l'air dans une calèche découverte menée à l'anglaise.

Sachant l'heure de mon départ, le radjah *Kistna-Raji-Oudawer* me fit encore l'honneur de m'envoyer, à l'instant où je rentrais chez moi, seize corbeilles de fruits portées chacune par deux bayadères, et contenant des oranges, des citrons, des bananes, des dattes et autres friandises indiennes. Mahomet, mon musulman, allié à un capitaine de cipayes, et qui m'avait suivi comme interprète, reçut de la générosité royale une belle ceinture et un turban.

Je ne parvins à quitter la ville de Mysore qu'après mille difficultés de la part des gens qui devaient me conduire jusqu'à la côte Malabare. Je les avais retenus, grâce à la protection obligeante du résident, et ils me rançonnèrent à plusieurs reprises avant de con-

sentir à se mettre en marche. A mesure que je cédais
sur un point, ils faisaient naître de nouvelles difficultés;
et, averti par les conseils de mon hôte, j'étais réduit à
donner gain de cause à leur indiscipline et à en passer
par tout ce qu'ils voulaient, sans avoir la consolation
d'obtenir un résultat favorable et immédiat. La capitale
devant être, dans le système de politique adopté par
les Anglais, une sorte d'impasse, je me borne à con-
stater l'absence presque complète de communications
entre cette partie reculée du royaume et la mer d'Arabie. Je n'avais plus à réclamer les secours d'aucune
police anglaise, et je devais me soumettre à tous les
inconvéniens du pays.

Pendant les sept jours de marche que j'employai à sortir du Mysore, je fus obligé de camper dans les lieux les
plus humides, les plus sombres et les plus fiévreux. L'air
n'y pouvait circuler et s'y viciait, sans se renouveler
jamais; des eaux croupissantes, encombrées de branches mortes qu'y entraîne, chaque année, la violence
des orages de la mauvaise mousson, exhalaient partout une odeur infecte, et la pourriture de toutes les
feuilles tombées occasionnait une puanteur méphi-
tique dans la contrée entièrement boisée. Les bambous
réunis en grosses gerbes et s'élevant à une hauteur incroyable, et les tecks (*Theka grandis* Lam.), qui remplacent nos chênes et leur ressemblent pour la beauté,
remplissaient de vastes forêts vierges, où la végétation
surabondante reste étouffée dans des fourrés impé-

nétrables. Parfois de vieux tecks, complétement blan-
chis par l'âge, déracinés et arrêtés à moitié dans leur
chute par d'autres arbres, témoignaient que la hache
n'a jamais pénétré en ces lieux sauvages; et c'est à
peine si mon palanquin, fréquemment accroché aux
branches, pouvait avancer dans l'étroit passage de la
route.

L'empreinte profonde des pas de bœufs et d'éléphans employés aux transports des caravanes, sert
cependant à frayer le chemin, tandis qu'un torrent, le
Cabulay, guide le voyageur dans les gorges qu'il suit
à travers les Ghâtes. Le terrain, dans quelques fon-
drières, était encore si détrempé, si boueux, que mes
Indiens y enfonçaient jusqu'aux genoux. Nous éprou-
vâmes d'assez grandes difficultés à nous faire jour dans
ces régions sombres et couvertes. De rares vallons,
de fort peu d'étendue, ne nous permettaient qu'à de
longs intervalles de retrouver le soleil intercepté par
l'épais feuillage des forêts; chacun de ces petits vallons
était toujours dominé par plusieurs huttes établies
tout autour, sur des arbres. Là se logeaient de pauvres
Indiens tout nus, chargés de veiller, la nuit, sur les
champs et de battre le *tamtam* pour empêcher les
bêtes féroces de ravager, en peu d'heures, le travail
de toute une année.

Jusqu'alors je n'avais eu de précautions à prendre
que contre les voleurs, qui vous assassinent s'ils
peuvent vous surprendre sans défense et surtout sans

armes à feu. Aussi, dans la plupart des villages peu sûrs où l'on doit passer la nuit, l'usage est-il de tirer un ou deux coups de fusil qui avertissent qu'on est sur ses gardes ; et pour peu que le village soit pourvu d'autorités régulières, un homme de la police doit battre le *tamtam* d'heure en heure, pour prouver qu'on veille.

Ici, les ennemis que je rencontrais devenaient plus nombreux et plus sérieux ; c'étaient à peu près tous les hôtes de la forêt, et, en première ligne, les éléphans. On prétend que, réunis habituellement par bandes et accouplés, ils sont pacifiques, et ne font aucun mal dès qu'on leur cède le pas. Mais si l'animal est seul, privé de sa femelle et par suite chassé de sa caste comme un pariah (les Anglais l'appellent l'éléphant hors caste), l'humiliation qu'il éprouve aigrit son caractère ; il est alors terrible, brise et foule aux pieds ce qu'il peut rencontrer, et cherche partout à assouvir sa rage. Dans ce cas, il est extrêmement dangereux ; car sa marche, si lourde en apparence, est rapide, même en comparaison de la vitesse d'un cheval. Quand je traversai un chétif hameau nommé Ampapoor, j'y vis un Indien encore fort malade de la terreur qu'il avait éprouvée cinq jours auparavant : surpris près de son habitation par un éléphant, il n'avait eu que le temps de grimper sur un arbre élevé, d'où il avait pu contempler les ruines de sa chaumière bouleversée en un clin d'œil.

Le tigre, beaucoup plus commun que l'éléphant, est heureusement bien moins redoutable. Souvent, dans le cours de mes voyages, lorsque je voulais chasser et que je demandais à un Indien de m'accompagner, il s'y refusait dans la crainte de rencontrer quelque tigre caché ou engourdi sous un buisson ; car cet animal n'attaque point son ennemi de front sans y être excité par quelques blessures, ou sans croire sa proie facile : son odorat sait parfaitement distinguer l'Indien de l'Européen, et il s'attaque de préférence au premier.

Il m'arriva, dans la partie la plus haute et la plus épaisse des bois que je traversais, de faire la rencontre d'un beau tigre. C'était dans l'après-midi, et, fatigué du balancement continuel de mon palanquin, je m'étais assoupi, lorsqu'une secousse violente me réveilla en sursaut. Je mis la tête à la portière pour en savoir la cause ; mon palanquin était déposé à terre, et je vis tous mes Indiens blottis derrière, qui me montraient le tigre arrêté devant nous. J'avais déjà mis par prudence des balles dans les canons de mon fusil, et j'attendais de pied ferme, sachant combien il est dangereux de tirer de trop loin et de blesser seulement cet animal, qui entre alors en fureur ; mais le tigre se contenta de nous regarder, de nous compter, quelques minutes, et, nous ayant reconnus probablement en force suffisante, il continua son chemin.

J'apercevais à chaque pas des daims, des paons, des

coqs sauvages, des bécassines, etc.; mais j'eus rarement l'occasion de les tirer. Il aurait fallu se placer à l'affût. Je remarquai que les Indiens les approchaient facilement, tandis que mon costume européen les faisait fuir et se cacher immédiatement dans les herbes. Les singes, communs dans toute l'Inde, étaient encore une de mes rencontres de voyage. Ordinairement ils étaient très sauvages et s'enfuyaient, en sautant d'un arbre à l'autre avec une agilité telle, qu'elle peut être comparée à celle des oiseaux. Je me rappelle cependant qu'à une de mes haltes sur la côte du Canara, une bande plus familière de ces animaux resta suspendue au-dessus de ma tête, dans les arbres que j'avais choisis pour prendre mon repas et m'abriter contre les ardeurs du soleil. Au bout de quelques momens, impatienté de voir une vingtaine de ces curieux personnages grimacer constamment autour de moi, j'en visai un et lui envoyai mon coup de fusil, qui le blessa grièvement et le fit dégringoler du sommet de l'arbre où il était perché; mais il parvint à éviter une chute complète en se rattrapant aux dernières branches. Il ne se trouvait qu'à six pieds de terre, et j'aurais pu le saisir assez aisément avec la main, si je n'eusse craint une sanglante morsure. Je m'éloignais pour aller chercher une nouvelle charge de fusil et l'achever, lorsqu'un camarade plus gros et plus fort vint à son secours, et, l'emportant dans ses bras, disparut avec lui. Le reste de la bande s'était enfui dans toutes les directions, les guenons tenant leurs petits suspendus à leur côté ou cachés sous le ventre. Néanmoins ils ne s'écartèrent point tout-à-fait, et je les vis encore rôder dans les environs. Quelques-unes de leurs vedettes s'avancèrent même, pour mieux m'épier, jusque sur les toits du village auprès duquel j'étais campé.

Pendant plusieurs jours mes contrariétés furent nombreuses et des plus vives. Mes *hamall* ne voulaient, à aucun prix, partir le matin avant que le soleil ne fût bien levé ; car ils auraient pu, disaient-ils, rencontrer l'éléphant qui finissait sa promenade nocturne. A midi nous devions également nous arrêter et chercher un abri : c'est l'heure où l'éléphant peut aller boire. Enfin il fallait être rendu au gîte avant la nuit. Je crois qu'ils se seraient laissé couper le cou, comme ils me le criaient à chaque instant, plutôt que d'enfreindre ces lois consacrées par la peur autant que par l'expérience. Nous avancions avec toutes sortes de précautions, précédés par des éclaireurs armés de longs et détestables fusils à mèche. Nous avions aussi des torches toutes prêtes pour effrayer l'audacieux éléphant qui se présenterait. Si par malheur nous nous croisions avec des caravanes venant de Gananore et de Mangalore, c'étaient aussitôt d'interminables conversations qui s'engageaient entre leurs conducteurs et nos *hamall*, les questions mille fois répétées pour savoir si on avait aperçu l'éléphant ou le tigre; puis finalement on se séparait un peu moins rassuré qu'auparavant.

Je ne sortis de tous ces embarras qu'à Manantoddy, position découverte sur le sommet des Ghâtes. De ce point culminant je descendis par une pente douce à la côte Malabare. Le tableau avait rapidement changé de caractère : une verdure admirable, des ruisseaux d'eau limpide, de jolies habitations indiennes et des sites de la plus grande variété, éclairés d'un beau ciel! Lorsqu'au dernier détour du col de Periah, je vis enfin à mes pieds la mer, cette mer d'Arabie, que je devais traverser plus tard pour passer en Afrique, mes regards se tournèrent vers l'Occident, mon cœur vola vers la patrie, et une impression pleine de fraîcheur retint ma vue sur les derniers rayons du soleil de l'Inde.